CHANTS
PATRIOTIQUES
ET RELIGIEUX

PARIS
GRASSART, LIBRAIRE-ÉDITEUR
2, RUE DE LA PAIX, 2
—
1872

CHANTS PATRIOTIQUES

ET RELIGIEUX

PARIS
GRASSART, LIBRAIRE-ÉDITEUR
2, RUE DE LA PAIX, 2

1872

CHANTS PATRIOTIQUES

ET RELIGIEUX

I.

A LA LIBERTÉ.

Liberté, liberté ! mot magique et sonore
Qui fait bondir nos cœurs d'un élan généreux ;
Liberté, liberté ! toi que le monde adore,
    Mais qu'il ne connaît pas, car ton trône est aux cieux ;
Quitte tes hauts sommets, viens, descends sur la terre,
Dresse au milieu de nous ton temple et tes autels ;
Car tu n'es pas un mythe, un fantôme, un mystère ;
Tu vis, nous te sentons, cher espoir des mortels !

Mais ils ne t'ont point vue, et souvent, dans leur rêve,
Tu leur es apparue avec un front riant,
Une bouche qui chante, une main qui soulève
La coupe pleine encor d'un breuvage enivrant.
Ils ont dit : « La voilà ! » et dans leur folle ivresse,
Ils ont cru te saisir, t'enlacer dans leurs bras ;
Mais ce n'était pas toi, noble et pure déesse :
La *Licence* avait pris ta forme et tes appas !

Étais-tu son emblème, ô farouche bacchante,
Les mains rouges de sang, le poignard au côté,
Toi qui nivelles tout sous ta serpe tranchante,
Toi qu'on nomme *Terreur*, es-tu la Liberté ?
— Non, non, ce n'est pas toi, car d'illustres victimes,
En mourant pour ta cause, ont murmuré tout bas :
« En ton nom, liberté, que l'on commet de crimes !
Car les hommes, hélas ! ne te connaissent pas ! »

Mais ils ont soif de toi ; dissipe le nuage,
Fais briller ton flambeau dans notre obscurité,
Lève ce voile épais, montre-nous ton visage ;
Viens, répands tes bienfaits sur notre humanité !

Ainsi pleurait mon cœur, et, prenant un langage,
L'univers tout entier gémissait avec moi,
Disant : « Délivre-nous de ce dur esclavage,
Liberté, liberté, nous périssons sans toi ! »

. . . .

Ce n'était qu'une voix, touchante, mais sévère ;
Ce n'était qu'un rayon, brisé, mais lumineux ;
Ce n'était qu'un regard, plein d'amour, mais austère,
Qui soudain traversa l'immensité des cieux.

« Pleure, mais non sans espérance,
« Ame captive du péché !
« Lève les yeux ! ta délivrance,
« Ton salut en Christ est caché.
« Bientôt il va briser ta chaîne,
« Tes fers tomberont en éclats ;
« Libre alors, libre et souveraine,
« Dans ta gloire tu marcheras.
« Christ a rompu toute barrière,
« Christ a conquis la liberté ;
« Lui seul apporte la lumière,
« Le bonheur et la vérité ;

« Le démon dominait en maître,
« Il l'écrasa d'un pied vainqueur :
« O monde, puisses-tu connaître
« En lui ton grand libérateur ! »

Et la fille du ciel remonta dans la gloire :
Mais son souffle en mon cœur venait de pénétrer ;
Autour de moi vibrait un accent de victoire,
Et je me sentis libre, et me mis à chanter.

II.

ÉGALITÉ.

Membres d'un même corps qui naît, croît et succombe;
Portant mêmes fardeaux, souffrant mêmes douleurs,
Égaux dans le berceau, semblables dans la tombe,
Que voulez-vous de plus, utopistes rêveurs?

Enfants d'un jour, tirés de la même poussière,
Ayant même soleil, même appui, même amour,
Pouvant nous éclairer à la même lumière,
Et sur un même cœur, le cœur de notre Père,
Appuyer notre tête après le faix du jour;

Que voulez-vous de plus? Voyez ce jeune arbuste
Étalant au regard ses rameaux verdoyants;
Les feuilles, les bourgeons de sa tige robuste,
Pleins de la même séve, entre eux sont différents.

Cesse, ami, d'envier richesses éphémères,
Bonheur qui prend des ailes ou qu'il nous faut quitter;
Le travail, la vertu, l'amour entre les frères,
Nous rendent tous égaux, nous font tout supporter.

Écoute! Jésus-Christ, Fils de Dieu, Roi de gloire,
A quitté son beau Ciel et sa félicité;
A ton calice amer lui-même a voulu boire,
Connaître tes douleurs, souffrir ta pauvreté.
Il s'est fait ton égal, et par un doux échange,
Il t'offre sa richesse et son bonheur parfaits,
Crois en lui, viens goûter son amour sans mélange;
Il se nomme ton frère, et te donne sa paix.

Toi, riche, qui reçus ta part des biens du monde,
Ah! donne largement à tous les malheureux!
Va dans les sombres lieux où la misère abonde,
Apportes-y ton or, et fais là des heureux.
Nul ne regardera d'un œil rempli d'envie
Ce que ta main répand avec tant de douceur;
Pour le pauvre, pour toi, Jésus donna sa vie;
Pour vous il n'a qu'un Ciel, pour vous il n'a qu'un cœur.

III.

FRATERNITÉ.

Ils n'étaient qu'un seul cœur : plus d'aigreur, de dispute,
Mais l'amour, la douceur, la suprême bonté;
L'ancien monde, haletant de sa dernière lutte,
Comme un homme ravi, s'arrête dans sa chute
    Pour admirer leur charité.

Ils étaient tous égaux : le riche, avec sagesse,
Partageait son trésor avec les malheureux;
Le pauvre offrait son bras, son travail, sa tendresse,
Il se donnait lui-même, ô sublime richesse!
    Et tout était commun entre eux.

Ils n'avaient qu'un seul but : la conquête des âmes!
Ils disaient : « Soyons forts en restant tous unis! »

L'amour fut le brandon qui, répandant ses flammes,
Consuma du païen les idoles infâmes,
    Et gagna son cœur insoumis.

. . . .

Ils sont passés, ces temps ; ils dorment dans leur tombe,
Ces frères, ces martyrs, ces héros glorieux ;
Ils sont morts ! Ah ! faut-il qu'avec eux tout succombe :
Sainte Fraternité, douce et blanche colombe,
    As-tu pris ton vol avec eux ?

Né du Ciel en un jour de suprême clémence,
Sentiment doux et pur, par le Christ apporté,
Reviens, reviens vers nous ! Vois, la terre en démence
Boit le sang de ses fils : une hécatombe immense
    Rougit son sol épouvanté !

Vois : le frère a caché sa face de son frère :
Le riche entasse l'or et Lazare est sans pain ;
Vois : le pauvre maudit et frappe en sa colère
Celui dont l'Éternel se nomme aussi le Père,
    Lui qu'on n'offense pas en vain.

Viens régner sur le monde : entre dans nos familles,
Viens ! la paix t'accompagne et le bonheur te suit ;
Donne à nos fils l'amour, la douceur à nos filles ;
Quand tu parais, soudain, comme un flambeau tu brilles,
    Éclairant notre sombre nuit.

    Viens, mais viens avec l'Évangile,
    Fraternité que nous cherchons !
    Sans lui, sans Christ, tout est fragile,
    Même du Ciel les meilleurs dons ;
    Sans lui tout n'est qu'un mythe, un rêve
    Qui s'enfuit aux rayons du jour ;
    Un arbre privé de sa séve,
    Qui va se flétrir sans retour.
    Tu naquis au pied du Calvaire :
    C'est là que le saint Fils du Père
    A déployé sa charité ;
    C'est de là que sa voix nous crie :
    « S'aimer en moi, voilà la vie
    « Et l'unique *Fraternité !* »

IV.

LA GUERRE.

Sombre et froide est la nuit. — Sur les plus hautes cimes
Seul, un rayon de sang perce l'obscurité,
Et l'ange de la mort plane sur les abîmes
    D'un monde dévasté...

Au loin j'entends des cris! C'est la mère qui pleure,
C'est l'enfant qui gémit, c'est le vieillard en deuil,
Chassé comme un proscrit de sa chère demeure,
    Et qui suit un cercueil...

C'est le sourd tremblement des empires qui croulent,
La mitraille qui siffle et le feu des éclairs,
Les flots de l'incendie, en passant, qui se roulent
    Sur les palais déserts.

Le rire saccadé des démons qui s'invitent
Aux festins de la mort par les rois préparés,
Et les cris déchirants des damnés qui s'agitent,
  Dans leurs mains enserrés.

O cieux ! qui contemplez cette lente agonie
Des gloires d'ici-bas, voilez-nous vos splendeurs !
Toi terre ! qu'abreuva le sang et l'infamie,
  Tremble sous tant d'horreurs !

Mais déjà dans la nuit, sur les plus hautes cimes,
Un céleste rayon perce l'obscurité,
Et l'ange à l'aile d'or, planant sur les abîmes,
Proclame dans les cieux, par des notes sublimes,
  L'ère de charité !

V.

LA VENGEANCE DU SOLDAT CHRÉTIEN.

J'ai passé de longs jours, passé de longues nuits,
Tu n'as point répondu, ô toi, le Dieu fidèle;
Je reviens à tes pieds! Ta parole éternelle
M'assure que jamais tu n'es sourd à nos cris.

O Dieu des opprimés, l'ennemi m'environne,
Mais s'il frappe, ses coups vont atteindre ton cœur,
Car je suis ton enfant! Oh! viens, rends-moi vainqueur
Par la force que, seul, ton bras puissant me donne!

Viens, combats avec moi! lie à mon baudrier
L'épée à deux tranchants terrible en la bataille;
Attache-moi le casque, et contre la mitraille,
Toi-même, ô Dieu puissant! sers-moi de bouclier!

Mais plutôt pour leur âme exauce ma prière :

Toi qui m'as pardonné, pardonne à ces pécheurs ;
Jésus mourant pria pour ses persécuteurs ;
A tes pieds, je t'apporte les miens, ô mon Père !

Pardonne ! de ton Fils le sang fut répandu !
Pour eux il a coulé sur la Croix du Calvaire !
Là, s'éteint pour jamais le feu de ton tonnerre ;
Là, lorsque j'ai pleuré, ton cœur m'a répondu.

C'est par ta volonté que la main qui me blesse
A déchiré mon cœur et fait pleurer mes yeux ;
Mais le chêne se brise au vent puissant des cieux,
Et ton divin Esprit les orgueilleux abaisse.

Dompte-les ! ton regard donne le repentir ;
Inspire le remords au cœur le plus farouche !
Un attrait de ta grâce, un seul mot de ta bouche,
Et ces pécheurs tremblants vont pleurer et gémir.

Viens, avance ton bras ! Il n'est pas raccourci ;
Toi, puissant pour sauver, puissant pour faire grâce :
Oh ! délivre et pardonne, et dans ton cœur embrasse.
Et l'enfant qui t'implore, et son fier ennemi !

VI.

RUINÉS PAR LA GUERRE.

Oh! qu'ils sont malheureux! Quel abri sur la terre
Remplacera pour eux le logis bien-aimé?
De ces chers orphelins qui deviendra le père?
Et toi, pauvre vieillard, seul avec ta misère,
Qui donnera la paix à ton cœur désolé?

Oh! qu'ils sont malheureux! la flamme dévorante
A ravi ces trésors dès longtemps amassés :
Simples trésors du cœur, seuls biens d'une âme aimante
Que notre charité, même la plus ardente,
Malgré tous ses efforts, n'a jamais remplacés :

C'est le petit berceau qui vit naître le père,
Et servit tour à tour de nid à ses enfants ;
C'est le fauteuil de cuir où la bonne grand'mère

Avant de s'endormir, lisait une prière,
Ou contait un récit tiré du bon vieux temps;

C'est la Bible sacrée, où chaque feuille blanche
Gardait ses souvenirs avec la date inscrits;
Naissance des petits, mort du père, un dimanche,
Où le facteur entra, et, comme une avalanche,
Jeta ces mots fatals : « Tombé pour son pays! »

Oh! qu'ils sont malheureux! leur récolte est perdue,
Leurs troupeaux enlevés et leurs champs balayés;
Le canon gronde encore, et, sillonnant la nue,
La flamme qui s'élève, à leur âme éperdue
Semble dire : Partez, quittez vos chers foyers...

Partir? mais c'est l'exil, un exil sans limite
Qui, comme un crêpe noir, se déroule à leurs yeux;
Dans le cœur de la veuve un souvenir s'agite :
« C'est ici qu'il m'aima! » Ses pleurs coulent plus vite,
Et pour le voir encore, elle regarde aux cieux.

Oh! pour vous consoler, malheureuses victimes,

2.

Quels mots sont assez doux? quel amour assez fort ?
Pour calmer vos douleurs, pour réparer les crimes,
Pour combler de vos cœurs les effrayants abîmes,
L'homme en vain tenterait un généreux effort.

Mais le Seigneur le peut, il est le tendre Père
De ces petits enfants privés de leur appui ;
O veuve désolée, il comprend ta misère,
Comme en un livre il lit dans ton cœur solitaire :
Répands, répands encor ta plainte devant Lui.

Oui, vous tous qui pleurez, dans ces jours de détresse :
Mères, sur vos enfants, vieillards, sur vos soutiens,
Dans le sein du Seigneur versez votre tristesse :
Il vous consolera ; Lui seul a la tendresse
Pour soulager, guérir et délivrer les siens.

Il a donné son Fils; Jésus, à notre place,
A supporté la mort et souffert son courroux.
Au nom de cet amour, allez, demandez grâce,
Le Père est apaisé, sa pitié vous embrasse,
La délivrance est prête... on l'obtient à genoux.

VII.

LA PETITE SOURCE.

Fatigué des clameurs, des vains bruits de la terre,
Je cherchai du Seigneur le rendez-vous secret ;
Un petit bois m'offrit son ombre et son mystère,
    Et son abri discret.

Là, le pas du chasseur n'avait point fait de trace,
Et les petits oiseaux chantaient avec amour ;
Et la brise soufflait, agitant avec grâce
    Les sapins tout autour.

Et mon cœur s'élevait : du Dieu de la nature
Il montait sans effort jusqu'au Dieu-Rédempteur ;
Je parlais à Jésus, et, dans ce doux murmure,
    Il écoutait mon cœur.

Je lui racontais tout : mes soucis, mes alarmes,
Ma santé chancelante et mes rudes combats ;
Et je lui présentais mes chers compagnons d'armes,
    Qui travaillaient là-bas.

Et je lui demandais une vie abondante,
Produisant à sa gloire un doux fruit permanent,
Et pour son saint service une foi plus vivante,
    Un amour plus ardent.

Tout en priant ainsi, je poursuivais ma course,
Descendant la colline ou foulant les sentiers ;
Lorsque, soudain, je vis une petite source
    Qui pleurait à mes pieds.

Elle sortait d'un roc, et tombait goutte à goutte,
Coulant presque sans bruit dans son lit rocailleux ;
Puis, sous la mousse en fleur, mystérieuse voûte,
    Se dérobait aux yeux.

Mais mon esprit actif, de sa route fleurie
La vit bientôt descendre et grossir le ruisseau,

Abreuver le bétail, féconder la prairie
    Et rafraîchir l'oiseau.

Puis, ma foi grandissant, j'entrevis, bouillonnante,
Une source plus pure, en un pays plus beau :
Elle était dans le ciel, et sortait jaillissante
    Du trône de l'Agneau !

Et cette eau descendit, versant en abondance
Dans mon âme des flots de paix et de bonheur ;
Je n'eus plus de soupirs : une sainte espérance
    Fit tressaillir mon cœur.

« Chaque jour je viendrai m'abreuver à tes ondes,
Source pure et céleste ! Eau vive des élus,
Tu me ranimeras, et tu rendras fécondes
    Mes œuvres pour Jésus ! »

Ainsi me répondit le doux Seigneur que j'aime.
Et je revins paisible en mon logis bruyant,
Y portant le reflet que Dieu pose lui-même
    Au front de son enfant.

VIII.

TON ŒUVRE.

Si tu n'as pu voguer sur des mers sans rivages,
Ni livrer ta nacelle aux coups de l'ouragan ;
Si tu n'as pu jamais, sur de lointaines plages,
Dire à tous les échos l'amour du Dieu vivant,
— Reste en paix dans le port. Plus humble, plus fidèle
Sera ta part. — Le soir, près du pêcheur lassé
Tu viendras soutenir sa barque qui chancelle,
Ou guider son esquif par les flots menacé.

Si tu n'as su gravir les monts, où les nuages
Se meuvent sous nos pieds et sont voisins des cieux,
Reste dans le vallon entouré des ombrages,
Où vivent les petits en ces terrestres lieux.
Chante-leur en passant la douce mélodie

Du pays où bientôt vont cesser nos douleurs ;
Ils pourront l'oublier... Mais la sainte harmonie
Qui sut calmer leurs maux, vibrera dans leurs cœurs.

Et si, pour soulager les misères humaines,
Tu n'as pas de trésor que ta main puisse offrir,
Si l'or n'est pas à toi, ah ! verse sur ces peines
La charité du cœur, une larme, un soupir !
Ta présence sera, dans l'obscure demeure,
Un rayon de soleil qui réchauffe un instant ;
Ta voix consolera le bon vieillard qui pleure,
Et parlera du ciel au malade expirant.

Si tu ne peux fournir une noble carrière,
Délivrer ton pays et chasser l'oppresseur,
Vaincre comme un héros dans la lice guerrière
Où tout ce qui fut grand lutta contre l'erreur ;
— Tu viendras le dernier sur les champs de bataille,
Recueillir du soldat les solennels adieux,
Bander les corps meurtris et, bravant la mitraille,
Soutenir les mourants et leur fermer les yeux.

Ah ! ne méprise pas les petits de la terre,
Ni les humbles sentiers où ton Maître a marché.
Sois comme un doux parfum ; une ombre tutélaire ;
L'onde qui rafraîchit le pré qu'on a fauché ;
L'oiseau qui chante au ciel, ou bien la douce haleine
Qui ranime en passant le front du malheureux ;
Sans te lasser jamais travaille dans l'arène ;
Dans nos champs désolés ton œuvre est en tous lieux !

IX.

L'AVENIR.

Je travaille et je lutte, et pourtant la misère,
Comme un hôte importun, au foyer vient s'asseoir,
Et mes petits enfants demandent à leur mère
Le pain qu'en mendiant il me faut recevoir.
Et moi, dans ma douleur, m'adressant au Ciel même,
Je dis : « Ce mal, hélas ! ne doit-il pas finir ?
« Cruelle pauvreté, implacable anathème,
« Dureras-tu toujours ? *Quel sera l'avenir ?* »

Ils ont fui loin de moi, tous ceux qu'avec tendresse
Je suivais du regard, je pressais sur mon cœur ;
Ils sont tous morts... et moi, seul avec ma tristesse,
Je marche sans appui, sans amour, sans bonheur.
A mon tour, dévoré du long mal qui m'entraîne,

Je pense avec effroi qu'il me faudra partir;
Et je dis à celui qui va briser ma chaîne :
« Où donc nous conduis-tu? Quel sera l'*avenir*?

Spectateur attendri des malheurs de la France,
Je la vis écraser par le pied du vainqueur;
Où chantaient ses enfants, on pleure, et la souffrance
A remplacé partout les hymnes du bonheur.
Oh! quand reprendras-tu, ma France bien-aimée,
Le rang que l'ennemi veut en vain te ravir?
Ta blessure est profonde, et l'âme désolée
Dit en te contemplant : « Quel sera l'*avenir*?

Le mal, partout le mal, creusant dans l'âme humaine
Un immense sillon que rien ne peut combler!
Je le sens qui m'oppresse et resserre sa chaîne,
Il triomphe en mon cœur et le fait succomber!
Je voudrais secouer son joug insupportable :
Inutiles efforts! Je ne puis que gémir!
Le tribunal se dresse... ô Juge redoutable,
Tu vas me condamner! Quel sera l'*avenir*?

— L'avenir ? Relève la tête
O mon frère ! il est lumineux !
Vois : le soleil dore le faîte
De la montagne au pic neigeux !
En bas, tout est noir, tout est sombre,
La nuit recèle dans son ombre
Plus d'un abîme de douleur :
Là-haut, tout chante, tout rayonne,
Là-haut, nul brouillard n'environne
Des cieux la divine splendeur !
Là-haut, plus de deuil, plus de larmes,
Plus de pauvreté, plus d'alarmes,
Plus de péché, plus de terreurs ;
Plus de guerre injuste et cruelle :
La charité, sainte immortelle,
Y règne, y soumet tous les cœurs...
Monte avec moi, viens, ô mon frère,
Prenons les ailes de la Foi !
Viens, et regarde le Calvaire
Où ton Sauveur souffrit pour toi !
Jésus a pris tout ton calice,
Tu n'en boiras plus désormais ;

C'est par son sanglant sacrifice
Que tu peux retrouver la paix.

Paix du Ciel, saint trésor, ô divine harmonie,
Le cœur qui te possède a cessé de souffrir !
Avec toi, désormais cheminant dans la vie,
D'un œil serein je puis contempler l'*avenir*.

X.

AU SEMEUR CHRÉTIEN.

Sème, sème partout où du ciel la rosée
    Peut rafraîchir et féconder :
L'Esprit souffle, et la terre, ainsi fertilisée,
    En fruits va bientôt abonder !
Aux épines, parfois, ta faible main se blesse ;
    Vois, Jésus en fut couronné !
Le monde te méprise ? un ami te délaisse ?
    Lui, de tous fut abandonné !

Sème, quand le soleil brille en rayons de flamme,
    Un nuage est à l'horizon !
Sème, quand l'ouragan fait son terrible drame...
    Il n'a qu'un jour dans la saison !
Sème, quand au matin la campagne se dore,

Aux rayons du soleil levant;
Et que, sur son déclin, l'on te retrouve encore,
Jetant ta semence en pleurant!

Sème sur le rocher! va, bien qu'il te repousse,
Dans son orgueil et sa stérilité,
Une petite fente accueille dans sa course
Le grain que tes mains ont jeté.
Il grandit, il prospère, il étend son ombrage,
Comme un saule près des ruisseaux;
Et le Maître des cieux sourit à ton ouvrage...
C'est le doux prix de tes travaux.

Sème dans le désert et dans les lieux arides,
Bien qu'on ignore ton amour;
Que ton cœur soit ardent et tes mains intrépides,
Car ils fleuriront à leur tour.
Le duvet du chardon que la tempête chasse
N'est-il pas sous l'œil de ton Dieu?
Il connaît ton labeur, il en marque la place,
Et te veut bénir en tout lieu!

Sème sur le chemin, dans les sombres repaires
Où le soleil n'atteint jamais ;
Où l'air est un poison, où les eaux sont amères,
D'où le péché bannit la paix !
Sur cet obscur sentier que le vice et le crime
Ont taché de boue et de sang,
Sème sans te lasser : au bord du noir abîme
Peut croître un rameau verdoyant.

Sème ton grain béni ! Peut-être de sa tombe
Ne le verras-tu pas sortir :
Parfois, avant le soir le travailleur succombe,
Mais son œuvre ne peut mourir !
Cette bonne semence, avec amour jetée,
Au grand jour se retrouvera ;
Et par les anges saints, en gerbes rassemblée,
Pour toujours au ciel fleurira !

XI.

LA PETITE PLANTE.

Sous les tièdes rayons du doux soleil d'automne,
Dans mon humble jardin elle croissait en paix;
Son feuillage arrondi formait une couronne;
  Avec amour, je la soignais...

J'épiais le moment où le cœur de la plante
Monterait en bouton pour donner une fleur;
Je la voyais déjà! — Mais tardive et trop lente,
  Elle était frêle et sans vigueur;

Car l'hiver se hâtait! — Et sous la froide haleine
Qui courbait en passant les branches du sapin
Et balayait les fruits attardés de la plaine,
  Elle mourut vers le matin...

Alors Dieu me parla. — Dans le fond de mon âme,
Sa douce voix vibrait comme une lyre en deuil :
« Écoute! disait-il, écoute! Je réclame,
« Avant que de la mort le funèbre linceul
« T'enveloppe à jamais ; — avant que de ta vie
« La chaîne d'or se rompe, et que de ton destin
« Il ne reste ici-bas qu'une ombre évanouie,
« Un nom qu'on lit à peine en passant son chemin ;
« — Je demande ton cœur, ton travail, ta constance,
« Ton amour, pour sauver ceux qui s'en vont périr.
« Hâte-toi ! L'hiver vient ! — c'est la mort qui s'avance
« Donne-moi ton parfum avant de te flétrir ! »

XII.

L'HARMONIE UNIVERSELLE.

Vers le soir tout était calme dans la nature,
Le soleil de ses feux embrasait l'horizon,
Et les oiseaux chantaient dans leur nid de verdure,
Et le ruisseau faisait entendre son murmure
    En arrosant le frais gazon.

Les plaines et les monts, les teintes purpurines,
Se mêlaient, se fondaient en tons harmonieux,
Les bêlements lointains et les voix argentines,
Les mille bruits divers, en des notes divines
    Se répondaient entre eux.

Tout était pur et beau; le ciel plein de lumière
Versait ses rayons d'or sur les prés et les bois;

Une hymne en remontait vers le céleste Père
De ce monde animé, dont l'aveugle matière
    Se pliait à ses saintes lois.

Mon âme s'attrista. Dans ce concert immense,
Elle seule apportait sa note en désaccord ;
Ses révoltes, ses pleurs, sa folle résistance,
Ses rêves insensés, sa désobéissance,
    Détruisaient le divin accord.

Que je rentre, ô Seigneur ! dans la sainte harmonie
De tout cet univers qui s'incline à ta voix,
— Avant que de mes jours la corolle flétrie
S'effeuille, et que j'entonne aux Cieux la mélodie
    Des élus soumis à tes lois.

TABLE DES MATIÈRES.

.	Liberté	3
II.	Égalité	7
III.	Fraternité	9
IV.	La Guerre	12
V.	La Vengeance du Soldat chrétien	14
VI.	Ruinés par la guerre	16
VII.	La petite Source	19
VIII.	Ton œuvre	22
IX.	L'Avenir	25
X.	Au Semeur chrétien	29
XI.	La petite Plante	32
XII.	L'Harmonie universelle	34

IMPRIMERIE L. TOINON ET Cⁱᵉ, A SAINT-GERMAIN.

GRASSART, LIBRAIRE-ÉDITEUR

2, RUE DE LA PAIX, A PARIS

LES ENFANTINES. Poésies, par L. Tournier. In-18.... 1 fr. 50

LES CHANTS DE LA JEUNESSE. Poésies, par L. Tournier. In-18 .... 1 fr. 50

LES NOIX DORÉES de l'arbre de Noël, par Mlle Marie Sandras. In-18.. 1 fr. 25

SAIS-TU ? Oui. — Retiens. Non. — Apprends. Recueil de poésies simples et faciles, par V. Juhlin. In-12.. 1 fr. »

RECUEIL DE POÉSIES pour les petits enfants. Choisies par Mme de Witt. In-12.. 1 fr. 50

CHOIX DE POÉSIES destinées à la jeunesse. In-18..... 2 fr. »

LES PREMIERS CHANTS. Recueil d'hymnes et de cantiques, de chansons et de récits pieux, écrits et mis en musique par C. Malan. In-18................... 3 fr. 50

LE TRÉSOR DU JEUNE CHANTEUR, par J. Nicolet. In-18. 1 fr. »

CHANTS POUR LES SALLES D'ASILE, par Mme Jules Mallet. In-8.. 1 fr. 50

Imprimerie L. Toinon et Cie, à Saint-Germain.

www.ingramcontent.com/pod-product-compliance
Lightning Source LLC
Chambersburg PA
CBHW060518050426
42451CB00009B/1045